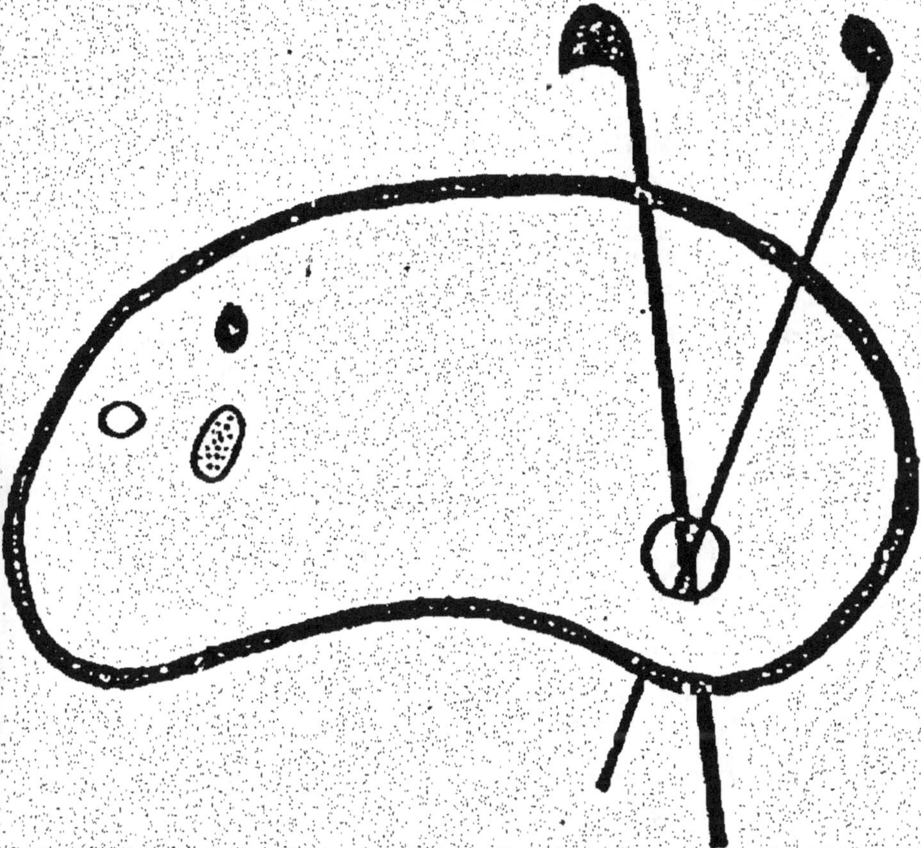

ORIGINAL EN COULEUR
NF Z 43-120-8

ASSOCIATION DES DAMES FRANÇAISES

SECOURS AUX MILITAIRES BLESSÉS OU MALADES EN CAS DE GUERRE
Secours aux Civils dans les Calamités publiques.

RECONNUE D'UTILITÉ PUBLIQUE

Fondée en 1879 — Réglementée par Décrets du 16 Novembre 1886 et 19 Octobre 1892.

INSTRUCTION DU MINISTRE DE LA GUERRE, DU 5 MAI 1899.

La PREMIÈRE SOCIÉTÉ DE DAMES établie en France, pour préparer **EN TEMPS DE PAIX** des ambulancières et le matériel de pansements nécessaires en cas de guerre.

EXPOSITION
DE 1900
(Groupe XVIII. — Classe 121).
ARMÉES DE TERRE ET DE MER.

1° AU MINISTÈRE DE LA GUERRE,
En face du Palais des Armées de terre et de mer.

2° A L'HOPITAL DES DAMES FRANÇAISES,
93, rue Michel-Ange, Paris-Auteuil.

Par le Dr DUCHAUSSOY, O. ✳

FONDATEUR ET SECRÉTAIRE GÉNÉRAL DE L'ASSOCIATION

SIÈGE DE L'ASSOCIATION :
10, Rue Gaillon (Avenue de l'Opéra),
PARIS

Pour faire partie de l'Association des Dames françaises il suffit de payer une cotisation annuelle de 10 ou de 20 fr.

Les personnes qui ne peuvent pas payer de cotisation peuvent néanmoins faire partie de l'Association en s'engageant à prendre part aux services actifs pendant la guerre.

Ces services sont ceux de l'ambulance, de la cuisine, de la lingerie, de la buanderie, les écritures, la comptabilité, etc., etc.

ASSOCIATION DES DAMES FRANÇAISES

SECOURS AUX MILITAIRES BLESSÉS OU MALADES EN CAS DE GUERRE
Secours aux Civils dans les Calamités publiques.

RECONNUE D'UTILITÉ PUBLIQUE

Fondée en 1879 — Réglementée par Décrets du 16 Novembre 1886 et 19 Octobre 1892.
Instruction du Ministre de la Guerre, du 5 Mai 1899.

La PREMIÈRE SOCIÉTÉ DE DAMES établie en France, pour préparer EN TEMPS DE PAIX
des ambulancières et le matériel de pansements nécessaires en cas de guerre.

EXPOSITION
DE 1900
(Groupe XVIII. — Classe 121).
ARMÉES DE TERRE ET DE MER.

1° AU MINISTÈRE DE LA GUERRE,
En face du Palais des Armées de terre et de mer.

2° A L'HOPITAL DES DAMES FRANÇAISES,
93, rue Michel-Ange, Paris-Auteuil.

Par le Dʳ DUCHAUSSOY, O. ✳
FONDATEUR ET SECRÉTAIRE GÉNÉRAL DE L'ASSOCIATION

SIÈGE DE L'ASSOCIATION :
10, Rue Gaillon (Avenue de l'Opéra),
PARIS

ASSOCIATION DES DAMES FRANÇAISES

I

CONSEIL SUPÉRIEUR DE L'ASSOCIATION
en 1900.

Mmes Casimir-Périer, Félix Faure et Loubet, *Présidentes d'honneur.*

Mmes

Ctesse Foucher de Careil, ※, *Présidente.*

Amirale Jaurès, *Vice-Présidente.*

Wurtz (Ad.).

Lagorce.

Binot, ※ A.

Avril.

Macherez, ※ A.

Roy.

Méline.

M.

Dr Duchaussoy, O. ※, *Secrétaire général,* Professeur agrégé à la Faculté de Paris, *Fondateur de l'Association.*

MM.

Amiral Besnard, G. C. ※.

Dr Pruvost, ※ I.

L'Abbé Caillard.

Janssen, C. ※, de l'Institut.

Dr Teissier, ※.

Dr Vallin, C. ※, ancien Directeur du Service de Santé militaire du Gouvern^t de Paris.

Faye, ※, Conseiller à la Cour de Cassation.

Blanchard (Raph.), ※, Prof^r à la Faculté de Médecine.

Dr Gaucher, ※, Médecin des Hôpitaux, Professeur agrégé à la Faculté.

D'Hardiviller, Notaire.

Commissaire délégué par M. le Ministre de la Guerre: M. le Dr Pauzat, ※, *Médecin principal de l'Armée.*

II

RÉCOMPENSES

décernées à l'Association des Dames françaises.

———

Le Comité central de l'Association a pris part à dix Expositions :

Nice, 1884, internationale, Diplôme d'honneur.
Rouen, 1884, régionale,   id.
Beauvais, 1885, régionale,   id.
Anvers, 1885, universelle,   id.
Boulogne, 1887, de la ville,   id.
Le Havre, 1887, régionale,   id.
Paris, 1889, universelle, Grand Prix.
Chicago, 1894, Diplôme et Médaille.
Bruxelles, 1897, internationale, Grand Prix.
Le Mans, régionale, 1er Grand Prix, 1899.
Médaille de la Société d'Encouragement au Bien.
Croix du Gouvernement de Bulgarie, en reconnaissance des services rendus pendant la guerre entre la Bulgarie et la Serbie.
Médaille de reconnaissance de la Société nationale de Tir, pour les soins donnés aux malades, sous les tentes, au camp de Satory, 1892.
Diplôme de reconnaissance de l'Association internationale universelle d'Espagne pour les Secours aux Blessés de terre et de mer, 1897.
Couronne civique décernée par la Société nationale d'Encouragement au Bien 1900.

III

NOTICE HISTORIQUE

sur l'Association des Dames françaises.

Après nos désastres militaires de 1870, les nations voisines de la France, recherchant les causes de la mortalité dans les dernières guerres, arrivaient à conclure qu'il était impossible de les combattre par l'organisation permanente de secours officiels suffisants, et elles donnaient immédiatement un grand développement aux Sociétés volontaires de secours, dites sociétés de la Croix-Rouge ; l'Allemagne, en particulier, s'attacha à créer des sociétés de femmes et elle y réussit admirablement.

Pendant ce temps, la *Société française de secours aux blessés* existait seule en France, et les comités de femmes, qui l'avaient secondée en 1870, s'étaient dissous. Pressenti sur l'utilité qu'il y avait à organiser en France, comme elle l'était en Allemagne, une Société de femmes et à y répandre une instruction spéciale qui en fît une pépinière d'ambulancières bien préparées et disciplinées, le Président de la Société de secours aux blessés répondit qu'il ne croyait pas la chose possible en France.

Le Dr DUCHAUSSOY, Professeur agrégé à la Faculté de Médecine de Paris, avait eu le profond regret de constater combien les secours avaient été insuffisants en 1870 ; il ne croyait pas à cette impossibilité ; d'un autre côté, entrevoyant les dangers qu'une inertie prolongée allait créer, dans un moment où l'Armée française était obligée de doubler et de tripler son effectif, il se décida à mettre lui-même à exécution le projet qu'il avait conçu.

En 1876, il exposa à la Société de Médecine pratique le plan d'organisation d'une *École de garde-malades et d'ambulancières*. En avril 1877, cette École, autorisée par l'Académie de Paris, ouvrait ses cours ; c'étaient les premiers de ce genre en France.

Les résultats furent du premier coup très remarquables ; en même temps que l'instruction, les idées de dévouement à l'Armée et du devoir patriotique des femmes pénétraient dans l'esprit de l'auditoire. L'année suivante, le succès se confirmait.

Certain alors d'avoir entre les mains l'instrument nécessaire et la base indispensable, le Dr DUCHAUSSOY fonda l'*Association des Dames françaises*, en mai 1879, et voici comment l'un des membres les plus actifs de la Société de Secours aux Blessés, le Cte SÉRURIER, appréciait alors la fondation de cette Société de femmes de la Croix-Rouge : « Elle comble, disait-il, une grande lacune; elle complète la Société de Secours, et les deux Sociétés ont besoin l'une de l'autre. »

Dans la pensée du Fondateur, l'*Association des Dames françaises* devait se tenir en dehors des partis politiques et des divisions religieuses ; elle inscrivait sur son drapeau : « Charité, Patriotisme ! » rien d'autre. Respectueuse de toutes les croyances, respectueuse de la forme de gouvernement que la Nation s'était librement donnée, elle ne devait être guidée dans tous ses actes que par cette pensée : tous les Français doivent leurs bras à la Patrie, toutes les Dames françaises doivent leurs secours à l'Armée.

Et nous sommes heureux de le proclamer, jamais l'*Association des Dames françaises* ne s'est départie de cette ligne de conduite. Tantôt sollicitée, tantôt attaquée par les partis les plus opposés, elle est restée elle-même ; elle n'est pas sortie du terrain neutre et sacré sur lequel elle s'était placée.

En 1881, le 5 mai, des personnes qui faisaient partie active de l'Association, et qui depuis deux ans avaient été initiées à tous les détails de son fonctionnement, essayèrent de s'en emparer par une surprise que l'Assemblée générale réprouva. Elles fondèrent alors, sous le nom d'*Union des Femmes de France*, une autre Société qui eut exactement le même but.

On est en droit de penser que cette dernière Société n'existerait pas si l'*Association des Dames françaises* n'avait déjà démontré comment une Société de femmes peut être organisée et bien fonctionner en vue des secours aux blessés de l'Armée.

En 1881, l'Association demanda l'autorisation légale et l'obtint. En 1883, elle fut reconnue d'utilité publique et rattachée aux Ministères de la Guerre et de la Marine ; les décrets de 1886 et

1892 ont réglé son fonctionnement en cas de guerre. En 1882, alors qu'un décret antérieur, aboli aujourd'hui, obligeait toutes les Sociétés non encore reconnues d'utilité publique, et ayant pour but les secours à l'Armée, à se rattacher à la Société française de Secours aux Blessés, l'Association avait offert à cette dernière de s'affilier à elle, pour le cas de guerre, mais à la condition de conserver ses statuts et l'organisation à laquelle elle devait ses succès. La Société française de Secours répondit qu'elle ne croyait pas la chose possible, sans une modification à ses propres statuts.

En agissant ainsi, nous avions fait tout ce qui était possible pour ne pas diviser les forces de la charité patriotique. Mais, en présence de cette réponse, notre devoir était tracé : marcher et compléter l'organisation.

C'est ce que l'Association a fait ; et nous croyons que la vive émulation qu'elle a ainsi suscitée n'a pas été moins féconde pour le bien de l'Armée que ne l'avait déjà été l'exemple qu'elle avait donné, en fondant une Société de femmes.

Les trois Sociétés actuellement existantes répondent à trois états d'esprit qui ne sont pas absolument semblables. Chacun, en France, peut choisir celle qui lui convient le mieux, et, de la sorte, il n'y a personne qui ne puisse prendre sa part du dévouement commun à toutes les trois. Pour nous, nous ne demandons que de la bonne volonté et de l'honorabilité ; l'Association ne reconnaît d'autre autorité dirigeante que celle du Ministre de la Guerre et des Directeurs du Service de Santé ; elle repousse énergiquement l'ingérance de l'étranger, de quelque titre humanitaire qu'il se pare, dans la réglementation des Sociétés de la Croix-Rouge en France. L'existence de l'Association est en complet accord avec l'article 8 de la *Convention de Genève*, et quand on nous a contesté notre droit de nous dire partie de la Croix-Rouge française, nous l'avons fait établir par les tribunaux de Dijon et de Troyes (1889 et 1891) ; leurs jugements ne laissent aucun doute sur ce point : aucune Société en France n'est à elle seule la *Croix-Rouge française* ; trois Sociétés distinctes la composent.

Les guerres de la Tunisie, du Tonkin, de la Chine, de Madagascar, du Dahomey, etc., ont donné à l'Association l'occasion de déployer son activité bienfaisante envers l'Armée.

Dans les calamités publiques : incendies, inondations, naufrages, épidémies, tremblements de terre, disette, etc., elle a secouru les civils dans la mesure autorisée par ses statuts.

Dans les Expositions, elle a obtenu les plus hautes récompenses pour des perfectionnements ou des inventions se rattachant au matériel de secours.

En 1892, elle a introduit en France les *Cours de brancardiers* pour les lycéens de 16 à 20 ans.

Le 29 juin 1896, elle a ouvert son *Hôpital d'instruction des Dames ambulancières*, à Auteuil ; elle organise des *Hôpitaux auxiliaires fixes*, pour le cas de guerre, et des *Hôpitaux de campagne*, conformément au décret de 1892.

Le 23 décembre 1896, M. le Président de la République a bien voulu accepter le haut patronage de l'*Association des Dames françaises*.

Pour tous ces bienfaits et ces travaux, l'Association a employé plus d'un million huit cent cinquante mille francs, et cet argent, elle le doit surtout à l'activité intelligente des vaillantes femmes qui se dévouent à l'Œuvre ; ce qu'elles ont donné, elles l'ont gagné chaque année, dans les fêtes qu'elles organisent avec tant de courage. Merci à toutes ces mères de nos soldats français ! merci à toutes les personnes qui les aident et qui prennent part ainsi à cette grande œuvre de patriotisme prévoyant, que les armements de toutes les nations rendent absolument nécessaire.

IV

TABLEAU DES LOCALITÉS

dans lesquelles l'Association possède des Comités, des Sous-Comités ou des Groupes.

———

COMITÉ CENTRAL : Paris.

Gouvernement militaire de Paris :

Seine. — Arcueil-Cachan, Asnières, Aubervilliers-La-Courneuve, Bois-Colombes, Boulogne-sur-Seine, Bourg-la-Reine, Charenton-St-Maurice, Choisy-le-Roi, Thiais, Clamart, Clichy-la-Garenne, Colombes, Courbevoie, Épinay-sur-Seine, Fontenay-sous-Bois, Gennevilliers, Ivry-sur-Seine, Levallois-Perret, Maisons-Alfort, Montrouge, Nanterre, Neuilly-sur-Seine, Nogent-sur-Marne, Saint-Denis, Sceaux, Stains, Suresnes, Vincennes.

Seine-et-Oise. — Ablon, Andilly-Margency, Ermont, Eaubonne, Arpajon, Beaumont, Bezons, Boissy-St-Léger, Brunoy, Corbeil, Crosne, Deuil, Dourdan, Écouen, Étampes, Juvisy-sur-Orge, Garches, L'Isle-Adam-Parmain, Limours, Luzarches, Maule, Meulan, Montmorency, Orsay, Palaiseau, Persan, Poissy, Pontoise, Saint-Brice, Saint-Cloud, Saint-Germain-en-Laye, Sannois, Savigny-sur-Orge, Sèvres-Meudon-Bellevue, Versailles, Villeneuve-St-Georges, Yerres.

1er Corps. *Nord.* — Armentières, Caudry, Denain, Fourmies, Le Cateau, Le Quesnoy, Roubaix, Pont-de-la-Deule.

Pas-de-Calais. — Hesdin, Lillers, Montreuil-sur-Mer, Billy-Montigny, Boulogne-s.-Mer, Douvrin, Hénin-Liétard, Samer.

2e » *Aisne.* — Braine, Coincy, Guise, Oulchy-le-Château, Soissons, Vervins.

Oise. — Beauvais, Chambly, Clermont, Creil, Méru, Frétoy-le-Château, Noailles.

3e Corps	*Eure.*	Les Andelys, Vernon, Gisors.
	Seine-Inférieure.	Aumale, Blangy-sur-Bresle, Eu, Le Tréport, Le Havre, Neufchâtel-en-Bray.
4e »	*Eure-et-Loir.*	Nogent-le-Rotrou.
	Mayenne.	Laval, Mayenne, Château-Gonthier.
	Orne.	Flers.
	Sarthe.	Beaumont-sur-Sarthe, Bessé-sur-Bray, Connerré, La Chartre-sur-le-Loir, La Ferté-Bernard, La Flèche, Le Mans, Mamers, Vibraye, Sillé-le-Guillaume.
5e »	*Loiret.*	Gien, Orléans, Pithiviers.
	Loir-et-Cher.	La Motte-Beuvron, Savigny-sur-Bray.
	Seine-et-Marne.	Claye, La Ferté-sous-Jouarre, Lagny, Melun, Provins.
	Yonne.	Blineau, Courlon, Saint-Florentin, Villeneuve-sur-Yonne.
6e »	*Ardennes.*	Haybes, Fumay, Revin.
	Meurthe-et-Moselle.	Briey, Longuyon, Longwy, Mars-la-Tour.
	Meuse.	Etain, Gondrecourt.
7o »	*Ain.*	Bourg, Chalamont.
	Doubs.	Champagnole, Poligny.
	Haute-Marne.	Bourbonne-les-Bains, Chaumont, Langres, Nogent-en-Bassigny, Montigny.
	Haute-Saône.	Jussey.
8e »	*Cher.*	Aubigny-sur-Nère, Henrichemont, Sancerre.
	Côte-d'Or.	Auxonne, Beaune, Châtillon-sur-Seine, Dijon, Nuits-Saint-Georges, Semur, Saint-Seine.
	Nièvre.	Château-Chinon, Clamecy, Cosne, Decize, La Charité-sur-Loire, Lormes, Tannay.
	Saône-et-Loire.	Louhans, St-Léger-sous-Beuvray.
9e »	*Indre.*	Châtillon-sur-Indre.
	Vienne.	Poitiers, Roche-Posay.
10e »	*Manche.*	Saint-Lô.
11e »	*Loire-Inférieure.*	Le Loroux-Bottereau, Nantes, Pont-Château.
	Morbihan.	Pontivy.
12e »	*Charente.*	Angoulême, La Rochefoucauld.
	Corrèze.	Brive, Tulle.
	Creuse.	Aubusson, Chénérailles, Crocq, Guéret.

12e Corps.	*Dordogne.*	Montpin-sur-l'Isle.
	Haute-Vienne.	Rançon.
13e »	*Cantal.*	Aurillac, Mauriac, Murat, Saint-Flour.
14e »	*Hautes-Alpes.*	Briançon.
	Drôme.	Crest, Montélimar, Valence.
	Isère.	Bourgoin, La Tour-du-Pin, Saint-Marcellin, Voiron.
	Rhône.	Villefranche-sur-Saône.
	Haute-Savoie.	Annecy.
15e »	*Alpes-Maritimes.*	Antibes, Cannes, Grasse, Menton, Nice.
	Ardèche.	Aubenas-Vals, Privas.
	Bouches-du-Rhône.	Arles, Chateaurenard, Marseille, Saint-Remi, Tarascon.
	Gard.	Uzès.
	Var.	Brignoles.
16e »	*Pyrénées-Orientales.*	Vernet-les-Bains.
	Tarn.	Gaillac, Moulayres.
17e »	*Ariège.*	Foix.
	Haute-Garonne.	Saint-Gaudens.
	Tarn-et-Garonne.	Nègrepelisse.
18e »	*Gironde.*	Arcachon, Blaye, Bordeaux, Libourne.
	Basses-Pyrénées.	Biarritz.
	Hautes-Pyrénées.	Grenade.
20e »	*Aube.*	Troyes.
	Haute-Marne.	Montier-en-Der.
	Meurthe-et-Moselle.	Pagny-sur-Moselle, Thiaucourt.
	Vosges.	Neufchâteau, Liffol-le-Grand, Monthureux-sur-Saône, Val-d'Ajol.
Colonies.	*Afrique française.*	Porto-Novo, Ile Mayotte.
	Amérique française.	Iles Saint-Pierre et Miquelon.
	Guyane française.	Cayenne.
	Océanie française.	Nouvelle Calédonie, Nouméa.
Étranger.	*Belgique.*	Bruxelles.
	Gd Duché de Luxembourg.	Luxembourg.
	Suisse.	Genève, Zurich.
	Égypte.	Port-Saïd.
	États-Unis d'Amérique.	Philadelphie.
	États-Unis du Brésil.	Rio-de-Janeiro.
	Transvaal.	Johannesburg.

V

COMMISSION D'ORGANISATION

de l'Exposition de 1900.

Président d'honneur :

M. George BERGER, Député de la Seine, G. O. ✳.

Direction générale :

M. le Dʳ DUCHAUSSOY, O. ✳.

I. — COMMISSION D'ORGANISATION :

Mᵐᵉˢ BINOT, ✪ A., CHANTEREAU, BÉCLARD, DESFOSSÉS, ✪ A., HEITZ, FAYOLLE, MACHEREZ, ✪ A., QUÉNEDEY, RAFFET.

MM. les Dʳˢ DUCHAUSSOY, PRUVOST, MM. BAROTTE, SUZOR, TIRET.

II. — EXPOSITION A L'HOPITAL DES DAMES FRANÇAISES :

Mᵐᵉˢ BINOT, Présidente ; HEITZ, BOURGEOIS, MOREAU.

M. BAROTTE.

III. — EXPOSITION AU QUAI D'ORSAY :

Mᵐᵉˢ MACHEREZ, ✪ A., Présidente ; DESFOSSÉS, Vice-Présidente ; CHANTEREAU, FAYOLLE, JUQUELLIER, Trésorière ; AGOSTINI et NUTTE, Secrétaires.

M. TIRET, Cᶦⁿᵉ STOFFEL, Commissaires.

Enseignement des Pansements sur le mannequin ; Travaux d'ouvroir :

Mᵐᵉˢ ADELON, CHEVREAU, CARREAU, HENNEQUIN, POLACK-MEYER, ROMAIN, VASSEUR.

M. le Dʳ PRUVOST, ✪ I.

Commission des moyens de Transport :

MM. les Dʳˢ SEURE, ✪ I., Président ; DUCHAUSSOY, BOYER, NACHTELL, RENOUARD, ✪ I., VAUDREMER.

Cᵗᵉ D'YANVILLE, chargé de l'exécution.

Commission des Études Pharmaceutiques :

MM. JOLLY, ✪ I., HOUDAS, Rapporteur : M. LONGUET.

Comptabilité spéciale à l'Exposition :

M. Achille SUZOR.

VI

OBJETS EXPOSÉS EN 1900

§ 1.

L'*Association des Dames françaises* avait projeté et préparé une très importante Exposition qui aurait compris :

Une tente-baraque (modèle franco-russe), contenant 20 lits, plus une pièce séparée aux quatre coins.

Un spécimen des transformations qu'il faut faire subir aux types de bateaux les plus usités en France pour en faire, au moment voulu, des bateaux de la Croix-Rouge, contenant les engins de sauvetage, le matériel de pansement et le matériel de couchage pour le transport à terre des blessés et des malades après un combat naval.

Des modèles variés de brancards traînés par des bicyclettes ou par des voiturettes, etc., etc.

A cet effet, elle avait demandé à l'Administration de l'Exposition un espace suffisant; comme les autres Sociétés de la Croix-Rouge française, elle a eu le très grand regret de voir l'espace qui lui a été accordé réduit à des proportions si infimes qu'elle a dû renoncer à son premier projet, et pour faire connaître autant que possible le résultat de ses efforts, en vue du perfectionnement des moyens de secours aux malades et aux blessés de la guerre, elle a résolu d'avoir deux Expositions : l'une officielle, au *Quai d'Orsay*, l'autre dans la cour de son Hôpital, *rue Michel Ange, 93*.

Nous ne nous dissimulons pas qu'il eût été bien préférable de n'avoir qu'une seule Exposition sur le terrain où se portera la foule des français et des étrangers, attirée par les attractions si variées qu'on a accumulées au Champ de Mars, au Trocadéro et à l'Esplanade des Invalides ; néanmoins nous aimons à penser que les personnes qui s'intéressent au bien-être des malades et des blessés en cas de guerre, et quelle est donc la famille qui, dans l'état actuel de l'organisation des armées, pourrait y rester indifférente ? ne reculeront pas devant un léger déplacement et viendront visiter notre Hôpital de la rue Michel-Ange, 93.

Nous croyons pouvoir leur dire qu'elles remporteront de cette visite des souvenirs instructifs et une réconfortante impression.

Nota. — On peut se rendre rue Michel-Ange, 93, soit par les Tramways qui partent du quai du Louvre ; soit par l'Omnibus de Saint-Sulpice à Auteuil ; soit par celui d'Auteuil-Madeleine ; soit par le Chemin de fer de ceinture.

---

§ 2.

Matériel exposé au Quai d'Orsay.

1° *Le lit de l'Hôpital* des Dames françaises ; *Table de nuit, Chaise et Objets divers*, accompagnant ce lit.

2° *Brancard* à lit.

3° *Crachoirs* hygiéniques.

4° *Matériel d'hospitalisation* léger, pliant, facilement transportable, modifié depuis 1889 et consistant en lit, table de nuit, table, chaise percée, etc.

5° *Deux musettes de brancardiers* (celle du Comité central, celle du Comité de Saint-Germain).

6° *Sac cantine* chaude ; *Sac cantine* froide ; *Caisse cantine* chaude.

7° *Sac de secours* pour les pompiers.

8° *Caisse de secours* pour les postes de secours, les usines, les grandes cérémonies publiques, etc.

9° *Caisse de secours* pour les noyés et les asphyxiés.

10° *Modèles des pièces de lingerie* d'hôpital, faites par les Dames françaises.

11° *Machines à rouler les bandes.*

12° *Pansements* faits sur le mannequin par les Dames françaises.

13° *Type de la Bibliothèque militaire* d'hôpital.

14° *Enseignement :* Tableau résumant l'état actuel de l'enseignement des Dames françaises ; livres et brochures servant à cet enseignement ; Conférences ; Règlement de l'Hôpital ; Memento des brancardiers, etc.

15° *Voiture* construite tout spécialement pour le transport des malades et des blessés.

16° *Réduction en plâtre* de l'Hôpital des Dames françaises.

17° *Meuble* composé de trois cantines dont la 1re contient la pharmacie, la 2e les pansements, la 3e les appareils chirurgicaux. Ce meuble fait partie de la tente-hôpital des Dames françaises où il est placé dans l'une des quatre chambres.

§ 3.

Voiture des Dames Françaises

pouvant être tirée par un cheval ou par deux chevaux, ou par un tracteur mécanique.

I. — Aménagement.

Sur la galerie. — Brancards, coussins divers, paniers de vivres, couvertures, paniers de pansements, appareils à fractures, béquilles ; dans le panier de pansements : 2 cuvettes et 2 pots à eau en métal, des éponges, coton cardé, etc. Un urinoir, un seau en toile, petit sac d'avoine, caisse d'outils pour la voiture, échelle pour la voiture, cordes.

Caisse de chaque côté du siège. — 1° 8 flacons contenant iodoforme, solution de sublimé, solution d'acide borique, solution d'acide phénique, ammoniaque, laudanum, perchlorure de fer, vinaigre aromatique, trousse à pansements, carnet, feuilles volantes, crayons.

2° Compresses, bandes, coton, épingles, brosses, savon, serviettes, compresseurs, lanterne à main et allumettes, ficelles, timbales s'emboîtant, cuillers, 5 flacons contenant jus de citron, vin, café concentré, eau de mélisse, sucre cassé.

Caisse sous l'arrière de la voiture. — 1° Glace dans une boîte en bois, molletonnée à l'intérieur et à l'extérieur, avec grillage pour le fond et cuvette sous ce grillage ; 2° 25 litres d'eau chaude ; 3° caisse renfermant des appareils de chirurgie.

Caisse sous les pieds des malades. — Besoins imprévus.

Caisse du garde-crotte. — 60 litres d'eau bouillie froide.

II. — Construction de la Voiture.

Détails de la construction :

Longueur de la caisse, du derrière à la coquille . .	3ᵐ 04
— parclose au devant de la coquille . .	0ᵐ 60
Largeur à la hauteur des banquettes.	1ᵐ 40
— coquille.	1ᵐ 34
Hauteur du garde-crotte.	0ᵐ 37
Largeur du coffre sous-caisse, haut	1ᵐ 12
— — bas	0ᵐ 96

Hauteur de la caisse derrière et au milieu . . . . .   1^m 19
   —   du dessus des banquettes sur les côtés . .   1^m 145
   —   au-dessus des dossiers . . . .   0^m 55
   —   du coffre. . . . .   0^m 30
   —   du dessus de la caisse au-dessus des banquettes. . . . .   0^m 30
Hauteur de terre, derrière . . . .   1^m 05
   —   devant. . . . .   1^m 03
De l'essieu de derrière au derrière de la caisse. . .   0^m 80
Du lisoir devant au devant de la coquille . . . .   0^m 50
Hauteur des roues de derrière . . . .   1^m 30
   —   —   devant . . . .   0^m 90
Longueur des moyeux . . . .   0^m 25
Grosseur des moyeux, derrière. . . . .   0^m 180
   —   —   devant . . . .   0^m 175
Diamètre des frettes, devant . . . .   0^m 115
   —   —   derrière . . . .   0^m 12
   —   des cordons, devant. . . . .   0^m 145
   —   —   derrière . . . .   0^m 145
12 rais devant et 14 derrière, force 45/31
Jantes devant, force 54/52
   — derrière, force 54/54
Fer de. . . . .   40×15
Montage derrière sur 2 ressorts d'essieux avec mains
Hauteur des mains, derrière . . . .   0^m 275
   —   devant. . . . .   0^m 16
Longueur des ressorts, derrière . . . .   1^m 20
Longueur de l'acier des rouleaux . . . .   0^m 045
Ouverture sur table 0^m 16 — 5 feuilles . . . . .   8×7×7×7×6
Longueur des ressorts, devant. . . . .   0^m 94
Mains ordinaires, ouverture sur table . . . . . .   0^m 24
4 feuilles . . . .   8×7×7×6
Essieux de derrière, fusées de . . . .   0^m 045

La voiture peut contenir 4 malades couchés, placés à l'intérieur sur des brancards. Les brancards sont supportés par des bracelets en cuir ; ces bracelets en cuir, pour les brancards supérieurs, sont fixés à l'extrémité de tiges verticales articulées qui peuvent se replier contre le toit de la voiture, quand cette dernière ne contient que des malades assis. Deux malades assis peuvent se mettre à côté du cocher. L'intérieur de la voiture débarrassée de ses brancards peut renfermer dix malades assis, très à l'aise. Dans ce cas un dossier articulé vient fermer l'arrière de la voiture pour maintenir les malades.

III. — Placement des blessés.

Pour placer les malades couchés dans la voiture, les brancardiers monteront par le marchepied d'arrière, et le premier brancardier sortira par l'avant de la voiture. Le siège d'avant coupé en deux et articulé vient se replier le long des montants de la voiture et permet un libre passage aux brancardiers, médecins et malades (1).

IV. — Traction par deux chevaux.

La voiture pourra être attelée, soit d'un seul cheval au moyen de brancards, soit de deux chevaux au moyen d'un timon et d'une volée comme dans toute voiture.

V. — Emploi du tracteur mécanique.

Pour adapter un tracteur mécanique quelconque, il suffira de placer sur l'avant de la voiture la volée spéciale munie de deux anneaux dans lesquels viendront s'attacher deux tringles d'acier rigides faisant parties du tracteur.

---

§ 4.

Exposition à l'Hôpital des Dames françaises,

RUE MICHEL-ANGE, 93.

1º *L'Hôpital* lui-même, aux jours et heures où la Commission administrative en permettra la visite.

2º *Les salles de consultations.*

3º *Les magasins généraux de l'Association,* contenant le matériel pour des hôpitaux auxiliaires du territoire et le matériel de plusieurs hôpitaux de campagne.

4º *Une tente-hôpital* pour 20 lits, plus 2 chambres.

(1) Une fois les malades installés dans la voiture, un grand store en toile vient fermer l'avant et de petits stores ferment les quatre côtés. Ces stores, après être descendus, sont saisis dans des gaines articulées, puis fortement tendus par des pitons, de sorte que la fermeture est infiniment plus parfaite qu'avec les chassis de glace.

Cette tente, dont l'ossature est en fer et rappelle, sauf les proportions, celle que nous avons exposée en 1889, a deux parois séparées en tous sens par un intervalle de 1 mètre. Cette séparation laisse tout autour de la tente intérieure un couloir par lequel se fait une partie du service, sans troubler les malades par des allées et venues; en outre, des cantines rangées dans ce couloir contiennent la plus grande partie du matériel de rechange nécessaire au fonctionnement de l'Hôpital. Des deux chambres, l'une sert de cabinet au médecin et de bureau, l'autre contient la pharmacie, la tisanerie et les désinfectants nécessaires.

Cette tente-hôpital, destinée à augmenter le nombre des malades hospitalisés rue Michel-Ange, est fixée solidement et d'une manière permanente dans le sol, mais s'il s'agissait d'une tente-hôpital pour un service temporaire, tel que celui dont on a besoin en temps de guerre, l'ossature métallique serait simplement fixée sur des madriers; en outre, au lieu de deux chambres, il y en aurait quatre, une à chaque coin; l'une de ces chambres serait destinée à l'infirmier de garde, l'autre contiendrait une baignoire et tous les accessoires nécessaires. Un appentis abriterait les cabinets d'aisance. Nous rappellerons qu'en 1889 c'est une tente à peu près semblable, mais plus petite, qui nous a donné un excellent service pendant les six mois de l'Exposition et pendant deux autres mois et demi, lors de notre essai de mobilisation à Neuilly. Celle que nous exposons en ce moment est une des quatre tentes qui compléteraient l'Hôpital des Dames françaises en cas de guerre.

OBJETS EXPOSÉS DANS LA TENTE :

1° Types du *lit*, de la *table de nuit*, de la *chaise*, usités dans l'Hôpital.

2° Types de *lit pliant*, de *table de nuit pliante*, de *chaise pliante*, de *chaise percée*, etc., pour un hôpital dont le transport doit être facile.

3° *Matériel pour un hôpital de campagne.*

4° *Pharmacie portative, caisse d'appareils chirurgicaux, caisse de pansements.*

5° *Bibliothèque d'hôpital.*

6° *Appareil à rouler des bandes* marchant par l'électricité.

7° *Brancard de lit.*

8° Spécimen de notre *lingerie d'Hôpital.*

9° *Sac de pompier.*

10° *Diverses espèces de brancards.*

11° *Caisse de secours.*

VII

HOPITAL DES DAMES FRANÇAISES

Rue Michel-Ange, 93.

Le 29 juin 1895, Mme FÉLIX-FAURE, femme du Président de la République, et Présidente d'honneur de l'Association, a posé la première pierre de cet Hôpital.

Dans quel but a-t-il été édifié? Comment doit-il fonctionner?

Voici comment s'exprimait à cet égard le Secrétaire général de l'Association, dans le discours qu'il prononça en cette circonstance :

« Il y a dix-neuf ans, alors que nous étions encore courbés sous le poids de nos désastres ; alors que chaque printemps renaissant nous apportait, non la joie de vivre dans la paix et la sécurité, mais, au contraire, les appréhensions d'une nouvelle invasion ; alors que les médecins qui avaient constaté, avec tant de regrets, l'insuffisance des secours pendant la guerre néfaste, comparaient avec tristesse l'inertie de notre pays sur ce point à la fiévreuse activité des nouvelles sociétés de femmes créées partout à l'étranger, nous fondions à Paris une École de garde-malades et d'ambulancières ; bientôt son succès faisait naître d'autres centres d'enseignement semblables au sien, et ainsi se trouvait réalisée la plus difficile des trois tâches que devaient s'imposer les Sociétés de la Croix-Rouge en France : préparation d'un personnel de femmes, préparation du matériel, formation d'un fonds de réserve.

Cette préparation d'un personnel suffisamment instruit, pour aider efficacement les médecins en cas de guerre, devait reposer, nous le disions déjà en 1876, sur deux ordres de moyens : l'enseignement théorique dans les cours, l'application pratique à l'hôpital.

L'enseignement par les cours, nous le donnons sans interruption depuis dix-neuf ans ; les résultats sont excellents ; les Dames qui subissent chaque année les examens nous étonnent toujours par la variété des connaissances qu'elles ont acquises et par la clarté de leurs idées.

En est-il de même pour l'enseignement pratique dans les hôpitaux ? Nous avons le regret de le dire, dans les conditions actuelles, cet enseignement ne peut donner, pour nos Dames ambulancières, le résultat désiré. Les hôpitaux de Paris sont, avec juste raison, envahis par les étudiants en médecine ; les Dames ne peuvent y avoir qu'un accès discret ; ce n'est pas pour elles que les cliniques sont faites, et, à part quelques exceptions, les Dames hésitent à aller se mêler à un milieu qui ne poursuit pas le même but qu'elles, pour y recueillir, avec peine, quelques notions qu'il leur faut dégager d'une foule d'autres dont elles n'ont pas besoin.

Tout cela a été prévu chez nos voisins d'Outre-Rhin ; là, on a créé des hôpitaux d'instruction pour les Dames allemandes ; c'est pour elles et à leur usage que l'enseignement s'y fait ; chaque province allemande a son hôpital de femmes ; les grandes dames et les souveraines elles-mêmes tiennent à honneur d'y avoir fait un stage et obtenu le diplôme ; des milliers de femmes de tout rang sont aujourd'hui instruites et disciplinées, sachant ce qu'elles auraient à faire en cas de guerre, toutes prêtes à rejoindre le poste qui leur est assigné d'avance ; et tout cela se prépare sans bruit, sans ostentation, comme la chose la plus naturelle, parce qu'elle est la plus indispensable.

Et, en effet, en Allemagne, en Autriche, en Italie, et même en Angleterre, la logique des événements qui ont si étrangement surpris l'Europe depuis trente ans a conduit tous les esprits sérieux à poser en principe la nécessité du concours des femmes dans les services sanitaires de l'armée, la nécessité de placer au-dessus de toute autre préoccupation dans la vie sociale, la sérieuse organisation des sociétés de secours en cas de guerre ; on dépose même les germes de cette pensée dans l'esprit des enfants, et il y a là une force nationale dont l'expansion se traduit chaque année par de puissantes créations.

Ai-je besoin de vous expliquer maintenant pourquoi l'*Association des Dames françaises* élève cet hôpital ? Pourquoi, depuis six ans, elle n'a cessé de lutter patiemment pour la réalisation de son désir ; pourquoi elle ne s'est pas laissé décourager par les obstacles, ni même arrêter par les objections de quelques-uns de ses amis ? Non, il me suffira de vous dire : voyez ce qui se passe autour des frontières de la France et vous approuverez alors la ténacité de nos efforts, et vous vous joindrez à nous pour compléter ce que le patriotisme des Dames françaises a si bien commencé.

Vous me demanderez maintenant comment doit fonctionner ce petit hôpital d'instruction, cette École normale des Dames ambulancières ? En quelques mots, je vais tâcher de satisfaire votre légitime curiosité.

Pendant la paix, 24 lits seulement ; 12 de médecine, pas de maladies contagieuses ; 12 de chirurgie ; le premier étage leur est consacré en entier. Qu'une guerre survienne, ou que la santé publique soit gravement menacée, notre petit hôpital de 24 lits se trouvera transformé en un hôpital de 120 lits. Comment cela ! Est-ce en augmentant le nombre des lits dans ces mêmes salles, et par conséquent en diminuant la salubrité ? Nullement. Jetez un coup d'œil sur le grand espace vide que vous voyez derrière cette allée de marronniers ; c'est là que s'élèveront, au besoin, cinq tentes contenant chacune 20 lits ; les services généraux pour cet hôpital de 120 lits n'auront pas à changer ; ces services sont prévus dans le sous-sol et le rez-de-chaussée de ce bâtiment. Le personnel et le matériel devront seuls être augmentés, et ce matériel sera toujours prêt dans le magasin, dont vous allez admirer tout à l'heure l'ingénieux aménagement.

La guerre a cessé, la santé publique est redevenue bonne ; nos tentes sont démontées, désinfectées et remisées sous les hangars qui vont s'élever à gauche ; nos 24 lits restent seuls pour les besoins de votre instruction.

Cette conception diffère beaucoup, vous le voyez, des constructions luxueuses qui coûtent des millions et deviennent rapidement insalubres ; elle convient à nos modestes ressources, et permettez-moi de le dire bien haut, elle réalise, à l'aide de nos excellentes tentes tout en toile et en fer, le type le plus parfait des hospitalisations temporaires bien aérées, très faciles à désinfecter, peu dispendieuses.

. . . .

Aussi, avec la plus entière confiance, nous vous donnons rendez-vous Mesdames, dans un an ; d'ici-là vous nous aurez trouvé des bienfaiteurs généreux ; l'hôpital sera meublé, et nous inaugurerons ensemble cet asile de la souffrance, qui sera aussi le théâtre de vos patriotiques vertus.

Car, je ne vous l'ai pas dit, mais vous le pensez bien, c'est par les Dames françaises que les services de l'hôpital seront faits.

Vous serez à Auteuil ce que vous vous êtes montrées dans notre essai de mobilisation à Neuilly ; vous apporterez la même discipline, le même désir d'apprendre, en soulageant ceux qui souffrent. Tous les services seront tenus par des Dames ; pendant quelques semaines, vous viendrez vous dévouer comme vous le feriez en temps de guerre, et, en sortant de ce noviciat patriotique, vous aurez la satisfaction de vous dire : Je suis en état de diriger un petit hôpital ; comme mon mari, comme mon fils, je vais donc pouvoir servir mon pays ! avec ma mère, avec ma fille, j'aiderai les médecins ; je prendrai la place des hommes qui seront aux combats ; je soignerai les défenseurs de la France comme s'ils étaient mes propres enfants ; je suis maintenant capable de sauver des vies humaines ; j'en ai la certitude, j'ai fait mon service à l'hôpital des Dames françaises ! »

Organisation du service.

L'administration générale de l'hôpital incombe à une *Commission administrative*, qui, chaque mois, délègue un de ses membres pour faire le service.

Le personnel se divise 1° en personnel non rétribué, comprenant les médecins, chirurgiens, pharmaciens, dames préposées aux divers services et ambulancières ; 2° en personnel rétribué, comprenant les infirmières, les femmes et hommes de service, la cuisinière, le concierge.

Il convient de distinguer :

A. *Le service d'hospitalisation ;*

B. *Le service des consultations externes.*

A. *Service d'hospitalisation.* — Les hommes sont seuls admis ; il faut qu'ils aient quinze ans accomplis.

Ne peuvent être reçus les malades atteints d'affections manifestement contagieuses, de maladies chroniques et incurables, telles que la phtisie avancée, de folie, d'idiotie, de démence sénile, d'épilepsie, de gale, de teigne, de cancers inopérables, de maladies vénériennes, et, enfin, les moribonds.

Pendant deux mois de l'été, chaque année, l'hôpital reste fermé. Durant la saison chaude, en effet, les malades sont moins nombreux et plus rares aussi les ambulancières pouvant faire le service de l'hôpital. Le temps pendant lequel les lits demeurent inoccupés est, d'ailleurs, mis à profit pour les opérations de désinfection et de nettoyage du mobilier et des locaux et pour l'exécution des travaux d'entretien.

B. *Service des consultations externes.* — Le service des consultations externes est ainsi organisé :

Médecine : lundi, mercredi, vendredi.

Chirurgie : mardi, jeudi, samedi.

Maladies des dents : un jour par semaine.

Maladies des yeux : un ou deux jours par semaine.

Maladies des oreilles et de la gorge : 1 jour par semaine.

Sont reçues et traitées *gratuitement* aux consultations externes toutes les personnes qui s'y présentent, sans distinction d'âge ni de sexe, à la condition, toutefois, qu'elles ne soient pas notoirement dans l'aisance.

En jetant un coup d'œil sur le tableau ci-dessous, on verra quel a été le nombre des malades et des blessés jusqu'au 1er novembre 1899.

Statistique du 30 juin 1896 (inauguration) au 1er novembre 1899.

ANNÉES	HOSPITALISÉS	CONSULTATIONS	OPÉRATIONS et PANSEMENTS
1896-1897	155	10,097	5,498
1898	155	10,500	6,020
1899	164	12,273	5,992
Totaux. .	474	32,870	17,510

Quelles sont les Dames qui peuvent prendre un service à l'Hôpital et y acquérir ainsi l'instruction pratique ?

Pour les Dames de Paris, la première condition est d'avoir passé avec succès l'examen d'ambulancières dans notre Ecole et d'être agréées par la Commission administrative de l'Hôpital ; quant à la nature de ces services, elle varie suivant le degré d'instruction des candidates et suivant les nécessités du service ; la tenue des registres, la pharmacie, la salle de médecine, la salle de chirurgie, la salle d'opération, les consultations générales et les consultations des spécialistes avec les opérations qu'elles comportent, offrent une ample matière à l'instruction et au zèle charitable des Dames de l'Association.

Situation financière de l'Hôpital.

Jusqu'ici l'Hôpital est bien loin d'avoir les ressources qui lui sont nécessaires ; pour subvenir à la dépense considérable de chaque année, il n'a que les dons qui lui sont faits et les fondations de lits.

En quoi consistent ces fondations ?

1º La fondation d'un lit entier se fait par une seule personne en assurant une rente perpétuelle de . . . . . . 1,000 fr.

2º Un demi-lit par une rente de. 500

3º Un tiers de lit par une rente de. 350

4º Un quart de lit par une rente de 250

Les fondatrices de lit sont de droit Dames patronesses de l'Hôpital. Les noms des personnes qui ont fondé un lit sont gravés sur une table de marbre à la tête de ce lit.

Cette situation financière est bien insuffisante, et la charge que l'Hôpital impose à l'Association pour compléter les sommes nécessaires à son fonctionnement est bien lourde, aussi l'Association adresse un pressant appel à toutes les personnes qui peuvent l'aider, soit de leur vivant, soit après elles.

Elle est persuadée que si l'on veut bien prendre la peine de faire une visite à l'Hôpital et de constater les grands services qu'il rend à la population pauvre du quartier, l'admirable propreté qui y règne, les soins maternels qui y sont donnés par les Dames, l'instruction tout à fait pratique qu'elles y acquièrent, et qui serait si précieuse pour les blessés et les malades dans la prochaine guerre, les visiteurs seront comme nous profondément touchés de tant de dévouement et voudront contribuer par leurs dons à soutenir une œuvre qui a si bien commencé.

Nous n'ajouterons plus qu'un mot :

L'Hôpital des Dames françaises pour l'instruction des Dames

ambulancières est le premier en France de ce genre, mais toutes les nations étrangères en ont depuis longtemps établi dans le même but ; en Allemagne, en particulier, le nombre de ces hôpitaux de la Croix-Rouge est très considérable.

VIII

ENSEIGNEMENT DES DAMES FRANÇAISES.

Une École d'ambulancières et de garde-malades a été fondée à Paris en 1877, par le Dr DUCHAUSSOY, et autorisée par le Ministère de l'Instruction publique. C'était la première École de ce genre en France ; son succès a déterminé l'établissement de plusieurs autres Écoles semblables. Depuis sa fondation l'École d'ambulancières n'a jamais interrompu son enseignement, quelquefois même elle a fait deux cours dans une année ; beaucoup de Comités des départements ont établi un enseignement analogue, mais beaucoup moins complet. Dans ces derniers temps une École poursuivant exactement le même but et dépendant aussi de l'*Association des Dames françaises* a été créée à *Marseille*, par les soins de M. le professeur QUEIREL, délégué régional, et de Mme Jean MOULIN, présidente du Comité. A Nice une École pratique a succédé aux cours théoriques qui s'y faisaient depuis 20 ans. Cette École pratique a pour base un petit hôpital des Dames françaises.

A la fin de chaque cours, des examens ont lieu à Paris pour l'obtention du diplôme, et des prix sont décernés aux candidates qui ont obtenu des notes assez élevées pour être admises à prendre part au concours. Sept cents Dames environ ont jusqu'ici passé leurs examens et obtenu le diplôme, mais plusieurs milliers de Dames ont suivi les cours, soit à Paris, soit dans les départements, et ont ainsi acquis, même sans avoir passé un examen, des connaissances très précieuses pour elles et pour leurs familles. Ces connaissances ont trait à l'hygiène, aux soins généraux à donner aux malades et aux blessés, aux notions usuelles de pharmacie, etc., etc.

Des *Dames répétitrices* extrêmement dévouées vont reproduire dans les Comités voisins de Paris l'enseignement qui leur a été donné par les professeurs de notre École.

Les leçons qui sont faites au siège de l'Association sont complétées, au point de vue de la pratique, par d'autres cours qui ont lieu une fois par semaine à l'*Hôpital des Dames françaises*.

Enfin, des *Conférences* d'un intérêt plus général sont faites chaque année dans plusieurs établissements publics de Paris ; ces conférences ont toujours pour objet des connaissances qu'il importe aux Dames ambulancières de bien posséder.

Brancardiers des Lycées. — L'*Association des Dames françaises*, voulant intéresser les jeunes gens eux-mêmes aux secours des blessés de l'armée en cas de guerre, a organisé depuis une dizaine d'années un enseignement spécial dans les lycées. Cet enseignement consiste en trois leçons sur les premiers secours à donner, le relèvement et le transport des blessés ; on comprend de suite que ces notions peuvent être aussi utiles dans la vie ordinaire qu'au moment d'une guerre. Ces cours de brancardiers se terminent par une répétition générale faite en plein air avec le concours de brancardiers et de voitures de l'armée.

Des Comités des départements instruisent des *brancardiers-infirmiers* composés d'hommes libérés du service militaire et qui s'engagent à faire un service en cas de guerre pour le relèvement, le transport et le premier pansement des blessés ; nous citerons parmi les compagnies de brancardiers les mieux organisées : celles de Saint-Germain, de Troyes, de Soissons, de Nice, du Mans, etc.

IX

PRINCIPALES PUBLICATIONS

faites par les Professeurs de l'École de Garde-malades et Ambulancières, et par l'Association des Dames françaises.

Discours et Allocutions pour la fondation et les Assemblées annuelles de l'École, 1877 et suivantes. M. le Dr Duchaussoy, professeur agrégé à la Faculté de Paris.

Sur les devoirs moraux de l'Ambulancière et de la Garde-malade. — Cannes, 1882, M. l'abbé BARRALLON.

Discours de clôture. — Année 1882, Cannes, M. le pasteur FARJAT.

Hygiène de la bouche. — 1887, M. le Dr GALIPPE.

L'art de prolonger la vie. — 1887, M. le Dr LEPLICHEY, secrétaire général à Cannes.

Moyens d'empêcher la propagation des maladies. — 1887, M. le Dr BARBE.

Du rôle de la femme dans les Sociétés de secours, depuis les temps les plus reculés jusqu'à nos jours. — 1888, M. le Dr DELTHIL.

Hygiène de la vue. — 1887, M. le Dr GILLET DE GRANDMONT.

Conférences sur le choléra. — 1884, M. le Dr DUCHAUSSOY.

Le rôle de la femme dans les Sociétés modernes. — 1888, Conférence par M. FRANCK, de l'Institut.

Souvenirs de la guerre de 1870-1871. — 1888, Conférence par Mme Coralie CAHEN.

Conférence faite à l'Hôtel Continental *sur l'Association.* — 1887, M. Jules SIMON, de l'Académie française.

La vérité sur l'Association des Dames françaises. Réponse à la brochure de M. Domergue. — 1888, M. le Dr GRANDVILLIERS.

Questionnaire : 1º pour les examens des Dames ambulancières ; 2º des Garde-malades, 2me édition in-8º. — 1889, MM. les Professeurs de l'École d'Ambulancières et de l'École des Garde-malades.

Fonctionnement d'un hôpital auxiliaire. — 1889, Conférence faite à l'Association. M. le Dr GRANJUX.

Bulletin de l'Association des Dames françaises, paraissant tous les mois et contenant un grand nombre d'études sur les questions d'hygiène et de secours aux blessés militaires ; le compte rendu des Comités départementaux, des articles bibliographiques, etc., de 1886 jusqu'à ce jour.

Comptes rendus des Assemblées annuelles de l'École des Garde-malades et Ambulancières et de *l'Association des Dames françaises,* paraissant chaque année, en décembre. Notices sur l'Association, etc. — M. le Dr DUCHAUSSOY, secrétaire général, et les Dames présidentes.

Comptes rendus publiés par les Comités du Havre, Blangy-sur-Bresle, Neufchâtel, Grasse, Marseille, Cannes, Meulan, Dijon, Le Mans, etc., de 1880 à 1889.

Conférence faite au Comité du Mans. — 1888, M. Lebert.

Alimentation des malades. — 1888, M. le Dr Teissier.

L'École de Garde-malades et d'Ambulancières, 2me édition, en trois parties séparées, considérablement augmentée. — 1889, par les Professeurs de l'École. Cet ouvrage utile à toutes les mères de famille, contient un abrégé d'anatomie humaine, des notions d'hygiène, les premiers soins à donner aux blessés, les soins généraux à donner aux malades, aux nouveau-nés, aux femmes en couches, aux vieillards, l'art de pratiquer les pansements et les bandages, de préparer les médicaments usuels, etc. (La 3e édition est sous presse).

Conférence faite à Privas, par M. l'abbé Caillard.

Conférence faite par M. le Dr Bénech, *sur l'organisation du Service de Santé, en campagne.*

Conférence faite par M. le Dr Duchaussoy, fondateur et secrétaire général de l'Association. *Le devoir des femmes dans la prochaine guerre.*

Conférence faite à Biarritz, le 18 août 1894, par M. le chanoine Eugène Calais.

Livret de l'Exposition de 1900.

Livret de l'Exposition de 1889.

Memento et programme des trois leçons aux lycéens brancardiers volontaires.

Le Havre pendant la guerre de 1870. — Mme Pochet de Tinan.

Des qualités morales des Dames ambulancières. — Mme Magnus.

La Croix-Rouge et l'Association des Dames françaises. — M. Arthur Desjardins, avocat général à la Cour de cassation.

De la Diphtérie. — M. le Dr Louis Martin, chef de service à l'Institut Pasteur.

Conférence faite à Beauvais en 1897, par M. le Cte de Kératry, ancien membre de la Défense nationale.

Les pansements modernes. — 1888, M. le Dr Alphonse Guérin, ancien chirurgien de l'Hôtel-Dieu de Paris, ancien président de l'Académie de médecine.

Conférence de M. le Dr Thoinot, professeur agrégé de la Faculté de Paris, médecin des hôpitaux : *De la Tuberculose,* 1900.

M. le Dr Duchaussoy. *Extrait de ses écrits sur l'Association des Dames françaises*, 1897.

M. le Dr Duchaussoy. *Manuel des Commissions administratives des Comités*, 1900.

M. le Dr Laurent, médecin-major en retraite. *Note explicative sur l'Instruction du 5 mai 1899.*

Conférence de M. le Dr Salimbéni, de l'Institut Pasteur. *La peste à la fin du xixe siècle, moyens actuels de la prévenir et de la combattre.*

Conférence de M. Léo Claretie. *Les Femmes et la Guerre.*

X

PHARMACIE

Note de la Commission.

Déjà en 1889 l'*Association des Dames françaises* avait pensé à réduire considérablement le volume des pharmacies d'hôpitaux auxiliaires, à supprimer la plupart des préparations de médicaments, et à éviter ainsi les difficultés d'exécution et les erreurs de dosage.

Dans ce but elle avait joint à l'ingénieuse pharmacie qu'elle avait exposée un assez grand nombre de médicaments comprimés, sous forme de tablettes, de pastilles ou de feuilles de gélatine divisées en centimètres carrés.

Sous cette forme les médicaments pesaient peu et étaient extrêmement faciles à administrer ; une cuillerée d'eau suffisait pour les ingurgiter. Dix années se sont écoulées et nous nous sommes demandé s'il n'était pas possible maintenant d'employer sous ces formes presque tous les médicaments généralement usités, ce qui serait bien évidemment un progrès considérable !

Les assertions des fabricants de ces spécialités pharmaceutiques semblaient nous promettre la solution parfaite du problème ; avant de nous prononcer nous avons voulu faire étudier cette question par des hommes très compétents et désintéressés.

MM. les Pharmaciens, Jolly, Houdas et Longuet, professeurs à notre École d'Ambulancières, ont bien voulu se charger de faire les expériences nécessaires.

En voici brièvement les résultats :

« Certains produits ne peuvent être mis sous forme de comprimés sans l'addition de corps étrangers ; on ne peut donc songer à utiliser cette forme quand il est nécessaire d'employer un produit absolument pur.

Les produits solubles se compriment facilement sans l'addition de corps étrangers, mais alors ils se dissolvent beaucoup plus lentement que sous leur forme naturelle.

Les essais ont porté sur des produits nombreux, à des températures différentes et dans des milieux dissolvants, très divers.

Quant aux produits insolubles, leur désagrégation ne s'effectue que difficilement au contact de l'eau lorsqu'ils sont comprimés.

S'il s'agit de poudres végétales qui agissent par l'abandon qu'elles font de leurs principes actifs solubles, nous avons trouvé que ces poudres abandonnent beaucoup plus de ces principes actifs quand elles sont à l'état naturel, que quand elles sont sous forme de comprimés.

D'autre part il est à noter que cette forme médicamenteuse de comprimés n'est pas assez répandue pour assurer le réapprovisionnement rapide d'une ambulance. Mais nous croyons devoir recommander, pour faciliter la tâche de la personne préposée à la pharmacie, l'emploi des médicaments sous forme de cachets, pilules, etc.

Quant à l'herboristerie nécessaire à la préparation des tisanes, il nous paraît avantageux de la remplacer par des extraits fluides (formule américaine).

Le dosage est facile puisque ces extraits correspondent au poids égal de la plante, dont ils contiennent tous les principes actifs solubles, et le volume à poids égal est beaucoup moindre. Relativement aux tisanes faites à l'aide d'extraits fluides, il y a une objection d'un certain intérêt ; elle consiste à dire que beaucoup de tisanes agissent surtout comme boissons aqueuses, or l'emploi direct des plantes donne à ces tisanes une saveur spéciale, variable pour chacune d'elles, saveur que l'on ne retrouve plus dans les extraits fluides, dont le goût est presque uniforme.

Il est bien évident que la sapidité des tisanes a une réelle importance, car c'est cette sapidité qui permet à l'estomac d'accepter une grande quantité d'eau qu'il refuserait sans cela.

Comme on le voit par ces conclusions des trois expérimentateurs, le moment n'est pas encore venu où l'on pourra faire tenir la pharmacie nécessaire pour 50 malades dans une boîte de 0^m,25^c de côté.

Néanmoins nous comprenons très bien que quand il s'agit de courtes expéditions, ne comprenant qu'un petit nombre d'hommes et presque pas de bagages, plusieurs puissances aient adopté de petites pharmacies uniquement composées de comprimés, comme moyen de parer aux premiers besoins ; dans ces cas particuliers ces comprimés peuvent parfaitement suffire.

On peut voir dans la cantine de pharmacie que nous exposons de bons spécimens de ce genre de médicaments.

XI

CONGRÈS DES SOCIÉTÉS D'ASSISTANCE
En temps de guerre.

Parmi les intéressantes initiatives prises par l'*Association des Dames françaises*, nous signalerons tout particulièrement la réunion d'un *Congrès des Sociétés d'Assistance en temps de guerre*, qui se tiendra à la Faculté de Médecine de Paris, du 20 au 25 août.

On pourra juger de l'intérêt que présentera cette réunion, en parcourant l'énoncé des principales questions qui y seront traitées.

PROGRAMME.

1re Journée :

1. — Quels sont les articles de la Convention de Genève qu'il est nécessaire de modifier, au moins dans les termes, parce que l'expérience en a démontré les défectuosités, et spécialement celui qui est relatif au signe distinctif de la Convention de Genève ? Quels sont les articles qu'il faudrait y ajouter pour ce qui concerne les armées de terre ?

Rapporteur : M. Bellet.

2. — Abus du signe de la Croix-Rouge.

Rapporteur : M. Renault,
Professeur à l'École de droit de Paris.

2me Journée :

3. — Quels sont les avantages que les Gouvernements pourraient assurer aux Sociétés de la Croix-Rouge pour faciliter leur développement et leur fonctionnement ?

Rapporteur : M. le Dr Duchaussoy.

4. — La délivrance du brassard par les autorités militaires est-elle indispensable pour les femmes qui donnent leurs soins dans les hôpitaux. *Rapporteur :* Colonel de Tscharner.

5. — Quels sont les cas où l'un des belligérants peut retenir le matériel et le personnel d'une ambulance de l'autre belligérant ?

Rapporteur : M. le Dr Benech,
Médecin principal de l'Armée.

3me Journée :

6. — Des moyens employés pour instruire et discipliner le personnel de secours des Sociétés d'assistance en temps de guerre.

Rapporteur : M. le Dr Duchaussoy.

7. — Organisation des secours aux blessés et malades dans les guerres maritimes. *Rapporteur :* M. Bouloumié.

4me Journée :

8. — Les Sociétés de la Croix-Rouge peuvent-elles constituer, dès le temps de paix, un dépôt de leur matériel de secours dans un État voisin du leur, et ce dépôt est-il aussi placé sous la protection de la Convention de Genève ? *Rapporteur :* M. Ed. Simonis,
du Comité de Luxembourg.

9. — Les prisonniers de guerre et l'assistance que pourraient leur procurer les Sociétés de secours aux blessés.

Rapporteur : M. Romberg-Nisard.

5me Journée :

Réservée aux questions imprévues.

XII

TRAVAUX DE LA COMMISSION SUPÉRIEURE

DES

Sociétés d'Assistance en temps de guerre.

En vertu de l'article 7 du Décret de 1892, une Commission Supérieure, présidée par le Directeur de Santé au Ministère de la Guerre, se réunit deux fois par an au Ministère pour émettre son avis sur les questions qui lui sont soumises par le Ministre de la Guerre et par les Sociétés.

Mme la Ctesse FOUCHER DE CAREIL, Présidente de l'Association, et en son absence, Mme l'Amirale JAURÈS, Vice-Présidente, M. le Dr DUCHAUSSOY, Fondateur et Secrétaire général de l'Association, ont pris une part très active aux travaux de cette Commission ; travaux qui se trouvent en grande partie résumés dans l'Instruction du 5 Mai et dans le journal de Mobilisation, publiés par le Ministère de la Guerre.

XIII

LISTE DES LEGS

faits à l'Association des Dames françaises.

1886. — Mme D'AILLY DE RICHEMONT (pour le Comité de Blangy-sur-Bresle), une somme de 2,000 francs.

1888. — Mme Veuve BAUDOUIN (pour le Comité de Blangy-sur-Bresle), une somme de 2,000 francs.

1888. — Mlle GUERREAU, une somme de 2,000 francs.

1892. — M. GUÉRINOT (Antonin, Gaëtan), une somme de 20,639 fr. 99 et la nue propriété d'un titre de rente française 3 % de 857 francs.

1892. — M. FINANCE (Emile, Charles, Louis), une somme de 50,000 francs.

1892. — M. Susset (Pierre, Honoré), un titre de rente française 3 % de 200 francs.

1894. — Mme Veuve Hédelin, une somme de 1,000 francs.

1895. — M. Deschamps de Morel (Louis, Lambert), une somme de 2,000 francs.

1896. — Mme Veuve Roublot (pour le Comité de Fontenay-sous-Bois), une somme de 5,000 francs.

1896. — Mlle Pertat (Eugénie, Adélaïde), le tiers du produit de la vente de ses bijoux, soit environ 12,000 francs.

1896. — Mme Guérard (pour le Comité de Blangy-sur-Bresle), une somme de 2,000 francs.

1898. — Mlle Soulier (pour le Comité de Nogent-sur-Marne), une somme de 10,000 francs.

1899. — Mme Didier, d'Auteuil, 40,000 francs à l'Hôpital et 20,000 francs pour le Siège Social.

1899. — Mme Rieffel, 1,000 francs.

1899. — M. Aubert, 50 francs.

1900. — Mme Veuve Roberge, 10,000 francs à l'Hôpital des Dames françaises.

XIV

RELEVÉ DES PRINCIPAUX DONS

faits par l'Association des Dames françaises.

PREMIÈRE PÉRIODE

De 1881 jusqu'à l'Exposition de 1889.

Année 1881.

Calamités publiques. — Tremblement de terre à Chio ; disette en Algérie ; peste jaune et petite vérole au Sénégal ; naufragés de Boulogne, de Dieppe, du Portel et du Tréport ; tempête du Havre. Total : 2,450 fr.

Secours aux militaires. — Guerre de Tunisie : au général Jamais, à la Supérieure de l'hôpital de Tunis, au Médecin-chef de l'hôpital de

Carthage, aux soldats originaires de Blangy-sur-Bresle : Dons de vin de Bordeaux, chocolat, thé, comestibles, linge, chemises de flanelle, coussins et matelas de caoutchouc pour les typhiques.

1882.

Calamités publiques. — Inondés de Cannes, de Perregaux (Algérie), naufragés du Tréport. Total : 650 fr.

Secours aux militaires. — Aux marins à Sfax, aux soldats à Gabès, au général Etienne à Sousse, au colonel Mille à Gabès, au médecin de l'hôpital de Gafsa, aux arabes prisonniers à l'île Sainte-Marguerite, au général Guyon-Vernier (Tunisie) : savons, cristaux de soude, eaux minérales, vin, café, moustiquaires, livres, chemises et ceintures de flanelle.

Secours aux étrangers. — Distributions d'aliments et de vêtements aux réfugiés d'Egypte, victimes du bombardement d'Alexandrie.

1883.

Calamités publiques. — Aux inondés d'Alsace-Lorraine, 8,000 fr.

Secours aux militaires. — Guerre de Tunisie : au colonel Mille, à Gabès ; au général Etienne, à Sousse ; au général Philibert, à Gafsa ; au général Guyon-Vernier ; à la Supérieure de l'hôpital de Tunis. Conquête du Tonkin : à Djelmna ; au commandant Boucher, au 111e de ligne partant pour le Tonkin ; à Mme de Custines ; aux soldats rapatriés : livres, moustiquaires, chemises et ceintures de flanelle, tricots de coton, 5,000 bouteilles d'eaux minérales, vin de Bordeaux, vieux cognac, tabac, biscuits anglais, phénol, chlorure de chaux, pansements, fil, aiguilles, ciseaux, boutons, caisses de savons et d'éponges, bibliothèques et jeux.

A Ras-el-Oued, installation d'un établissement de bains chauds pour les soldats, aux sources d'eaux chaudes.

1884.

Calamités publiques. — Aux naufragés de St-Vaast-la-Hougue. Pour le choléra : aux Sauveteurs de Toulon ; au Comité de Marseille ; à la Supérieure de l'hôpital français du Caire ; à Naples, pour les familles françaises ; caisses de médicaments aux Petites-Sœurs des

Pauvres; à Yport (Seine-Inférieure), le Comité central envoie deux ambulancières, avec 100 litres phénol et 1 brancard; des Comités de Nice, du Havre et de Blangy au Comité de Marseille et à Toulon. Total : 4,400 fr.

Pendant l'épidémie du choléra à Marseille, les secours ont été distribués au Pharo et au Comité de Marseille par Mme Roulet; chaque homme sortant de l'hôpital recevait un trousseau complet, une boîte de viande conservée et 5 francs. Au Comité on distribuait des médicaments, vivres et vêtements. Il est impossible d'évaluer la quantité, valeur ou numéraire, de tout ce qui a été ainsi distribué. Le dévouement et le courage de Mme Roulet ont été au-dessus de tout éloge.

1885.

Calamités publiques. — Pour les familles françaises atteintes du choléra à Madrid; pour les victimes de l'avalanche à La Monta; éboulement d'une carrière à Chancelade; pour les chrétiens réfugiés à Qui-Nhomd (Annam); écroulement du Tribunal de Thiers. Total : 1,500 fr.

Secours aux militaires. — Campagne de Chine, par l'amiral Courbet. Expédition du Tonkin. Ces deux grands événements militaires ont provoqué des dons considérables, ils ont été adressés à l'amiral Courbet, au général Jamais, au capitaine Grandjean, au colonel Teyssandier, à l'amiral Rieunier, à l'amiral Miot, à la sœur Céleste, de l'hôpital militaire de Tunis, au camp du Pas-des-Lanciers, à l'abbé Geaix, aumônier à Haï-Phong, au général De Courcy, au Médecin en chef du Tonkin, à l'hôpital militaire d'Antibes pour les soldats rapatriés du Tonkin, à des soldats rapatriés qui se sont présentés au siège de l'Association, aux soldats convalescents de Porquerolles. Nature de ces dons : vêtements de flanelle, 5,000 pièces de pansement, appareils à fractures, médicaments, couvertures de laine, chemises de blessés, vin de Marsala, de Bordeaux, lait concentré, filtres petits et grands, tabac, chocolat, papier, poudre insecticide, livres, 20,000 cigares, 12,000 bouteilles d'eaux minérales, légumes conservés, biscuits secs, savons de toilette. Distribution de vêtements au siège de l'Association. Distribution d'argent aux rapatriés, 10 kilos de sulfate de quinine, pièces de vin, pipes, jeux divers, 3,000 ceintures de flanelle, coussins élastiques pour les fièvres typhoïdes à l'hôpital de Marseille, caleçons, chaussettes, etc., etc.

Le Comité de Paris a dépensé pour les envois faits par lui : 34,244 fr., les autres Comités ont dépensé 75,000 fr. ; ces Comités sont ceux de : Le Havre, Blangy-sur-Bresle, Neufchâtel, Meulan, Nice, Cannes, Briançon, Dijon, Marseille, etc.

1886.

Calamités publiques. — Inondés de Sellonet ; choléra d'Audierne ; incendies d'Aiguilles, de la rue des Trois-Couronnes à Paris, de Villard-la-Madeleine ; réfugiés de Binh-Dinh et Quin-Hon. Total: 4,976 fr.

Dons aux militaires. — Dans le cours de cette année, l'Association s'est occupée simultanément des corps expéditionnaires du Sénégal, de Madagascar, du Tonkin, des dépôts de convalescents à Port-Crau, Bagaud, et à l'île Sainte-Marguerite, etc.

Les Comités les plus importants ont distribué des sommes considérables, des vêtements, des médicaments aux soldats rapatriés ou à leurs familles.

Nous ne répéterons pas ici les détails des objets envoyés, c'est à peu de chose près ceux de l'année précédente.

Le Comité de Paris a donné pour 60,000 francs, tant en nature qu'en argent. Les Comités de Nice, Cannes, Marseille, Dijon, Briançon, Meulan, Lyon, Blangy, Le Havre, ont donné pour 25,000 francs environ.

Dons aux étrangers. — Incendie de la ville de Strye ; tremblement de terre du Péloponèse ; guerre de Serbie et de Bulgarie. Total: 1,200 fr.

1887.

Calamités publiques. — Incendies de l'Opéra Comique, de Lorquemiquélic ; naufragés de Paimpol, du Crotoy ; coup de grisou à Saint-Étienne ; inondations du Midi (Rhône et Durance) ; tremblements de terre à Nice et à Menton. Total : 20,467 fr.

Le Comité de Nice a fait construire, à la suite de ce tremblement de terre, un baraquement à Diano-Marina, et Mme la Ctesse Foucher de Careil en a fait construire deux à Menton.

Secours aux militaires. — Ils ont consisté surtout en distributions de secours en argent et en vêtements, aux soldats revenant du Tonkin, et en envois de sommes d'argent à d'autres rapatriés malades dans les départements. Il faut y ajouter des envois de vins de quinquina, de Banyuls, de lait concentré, chocolat, médicaments, livres, eaux minérales.

Ces envois ont été adressés au Tonkin au Dr Dujardin-Beaumetz, médecin en chef; au général Munier; au capitaine d'Exeat; à M. Lemire, résident en Annam; à l'Abbé Geaix, aumônier à Quang-Yan.

Des envois ont été faits aussi au corps expéditionnaire du Sénégal: Ont pris part à ces dons, les Comités de : Paris, Le Havre, Meulan, Dijon, Cannes, Marseille, Nice, Menton, Briançon, Antibes, etc.

Il nous est impossible d'évaluer en argent le total de ces envois, parce qu'une grande quantité d'objets nous a été donnée et que nous n'en connaissons pas la valeur réelle. Nous pouvons dire seulement que pour le Comité de Paris, la dépense a été d'environ 20,000 fr.

1888.

Calamités publiques. — Ravages des sauterelles à Sétif (Algérie) ; naufragés de Dunkerque ; catastrophe de Cransac. Total : 1,200 fr.

Secours aux militaires. — Au Tonkin, au Sénégal, en Tunisie, soldats de passage, soldats malades ou convalescents.

Don à l'Abbé Pinelli, aumônier au Tonkin.

Pour ces envois le Comité de Paris a déboursé 7,000 fr ; nous ne savons pas au juste les sommes employées par les autres Comités.

1889.

PREMIER TRIMESTRE.

Calamités publiques. — Incendiés de Ceillac, 450 fr.

Secours aux militaires. — A l'île Sainte-Marguerite ; aux victimes du Torpilleur, n° 110 ; au corps expéditionnaire du Tonkin. Total : 4,050 fr.

La 1re période s'arrête à l'ouverture de l'Exposition de 1889. Le total des sommes déboursées jusqu'à cette date, par l'*Association des Dames françaises*, est d'environ 606,300 fr., nous dirons à la fin de ces relevés le nombre considérable de livres qui ont été donnés pour les bibliothèques militaires, soit dans les hôpitaux, soit dans les régiments ; ils représentent une somme importante non comprise dans ces évaluations, parce que la plus grande partie de ces livres nous a été donnée.

DEUXIÈME PÉRIODE

De 1889 jusqu'en Mai 1900.

1889 *(Suite)*.

Dons aux civils. — Naufragés de Saint-Malo, de l'Ella et des Quatre frères ; inondés du département des Landes ; catastrophe de Saint-Étienne ou 200 mineurs ont péri. Total : 1,900 fr.

Secours aux militaires. — Les envois au Tonkin, à M. Lemire, résident français en Annam, continuent : ils comprennent des caisses de chaussettes, de ceintures, de caleçons, de gilets de flanelle, des caisses de pipes, de tabac, d'éponges, de papier, de plumes, de crayons, de ciseaux, d'aiguilles, de savons de toilette, du lait concentré, de l'extrait de viande, du chocolat, cacao en poudre, boîtes de haricots verts concentrés, etc.

1890.

Dons aux civils. — Victimes de la Machine, près Nevers ; incendiés de l'île de la Réunion, Martinique, Guadeloupe, du bourg de Monétier ; tempête du 19 août à Saint-Claude (Jura) ; sinistrés de Dijon, de Saint-Étienne, d'Aiguille ; catastrophe de La Joliette à Marseille ; influenza au Mans, à Laval ; l'épidémie de grippe qui a cruellement sévi en France cette année là a été l'occasion de distributions de secours en nature, dont le montant atteint 8,368 fr.

Dons aux militaires. — Achat de denrées pour le Sénégal ; envoi de lait, vin, chocolat, bouillon Liebig, tabac, flanelles ; au corps expéditionnaire du Tonkin ; Société des Tonkinois ; pour le transfert, au cimetière de Fribourg, des restes des soldats français morts de la petite vérole en 1871 ; au Dahomey ; au Dr Jobert, chef du service sanitaire de Cochinchine ; au Dr Friocourt, au Tonkin ; aux soldats des 3e et 14e d'infanterie ; ces envois faits aux corps expéditionnaires représentent environ 10,000 fr.

Les Comités qui ont pris part à ces dons en 1890, sont ceux de : Paris, Boulogne-sur-Seine, Briançon, Cosne, Dijon, Foix, Grasse, Laval, Le Mans, Marseille, Meulan, Neufchâtel, Nice, Nogent-sur-Marne, Roubaix, etc.

1891.

Dons aux civils. — Société d'Assistance par le Travail ; secours immédiat du *Petit Journal* ; distributions au siège Social pour l'épidémie de grippe ; aux sinistrés de Fort de France, de la Martinique ; aux incendiés de Montelguillaume ; aux mineurs de Cransac après la catastrophe ; aux victimes de l'influenza, à Marseille. Total: 7,780 fr.

Dons aux militaires. — Envois au Sénégal et au Tonkin ; à l'infirmerie du 115e, à Paris ; au 7e chasseurs, à l'hôpital du Val de Grâce ; aux artilleurs de la marine, à Porto-Novo ; à l'hôpital du Belvédère, à Tunis ; au Comité de Marseille pour les rapatriés du Tonkin ; à l'infirmerie de garnison, à Manouba ; aux anciens militaires rapatriés des colonies, secours annuel de 1,800 fr. ; aux soldats malades à la suite des grandes manœuvres. Ces dons comprennent : vin de Banyuls, légumes verts, conserves, café, chocolat, gilets, ceintures et chemises de flanelle, chaussettes, bibliothèques, jeux divers, vêtements, etc. Total : 8,300 fr.

Dons aux étrangers. — A l'ambassadeur de France en Espagne, pour les inondés, 300 fr.

1892.

Dons aux civils. — Aux victimes de l'épidémie de grippe ; cyclone de l'île Maurice ; incendiés de Planpinet, de Notre-Dame-des-Vignes près Albi, de Bez (Hautes-Alpes), de Trucarié, de Montélimar, de Mérenchal, de Mersin, de Rugella et du Pré-aux-Loups ; catastrophe de Saint-Gervais-les-Bains. Total : 4,620 fr.

Secours aux militaires. — Envoi de livres en Algérie, au 7e Corps à Besançon, au 6e Corps à Chalon, à la garnison d'Auxonne ; lingerie d'hôpital, livres et jeux, pour la fièvre typhoïde, aux soldats du Dahomey ; aliments, vêtements, jeux, à la Place de Paris, pour les soldats libérés ; au service colonial de Bordeaux, pour les soldats malades au Dahomey ; secours en nature ou en argent à d'anciens soldats ; envoi de vin de Champagne et de lait concentré au Corps d'occupation du Tonkin ; envoi de vin de Bordeaux, lait concentré, légumes verts en conserves, tabac, quinine, papier à lettres, au corps d'occupation du Dahomey ; à Nice, secours aux soldats de la légion étrangère libérés, etc. Total : 9,511 fr.

Ces envois ont été faits par les Comités de Paris, Bordeaux, Briançon, Cannes, Crocq, Le Havre, La Chartre, Le Mans, Meulan, Nice, Saint-Germain, etc.

1893.

Dons aux civils. — Victimes de la famine en Algérie ; aux incendiés du quai de la Rapée, de Vervial, de Levallois-Perret ; naufragés de Saint-Valery-en-Caux ; choléra au Portel, au Havre. Total : 1,150 fr.

Secours aux militaires. — Envois au Dahomey, au Tonkin : lait concentré et stérilisé, vins, légumes conservés, savon de Marseille, cigares, papier à lettres, vin de quinquina, etc. ; envoi au général Dodds, au Sénégal : crayons, plumes, papier, fil, boutons, pipes, savon, conserves, lait, chocolat ; envoi au général Voiron, du Tonkin, au corps expéditionnaire du Tonkin : livres, chaussettes, graines potagères ; envoi à l'hôpital militaire de Longwy, à l'hôpital militaire de Cosne, au 85e de ligne ; distributions aux soldats revenant du Dahomey ; envoi au 3e de ligne, au 16e de ligne ; secours à des familles pauvres de militaires aux colonies ; secours aux blessés du Dahomey, convalescents à l'île Sainte-Marguerite ; envoi au colonel Beaugier, 146e à Tours ; lait concentré, légumes conservés, à El-Goléah ; nouvel envoi au général Dodds, Dahomey ; envoi au Dr Dumayne, à l'hôpital de Barrèges, pour les malades revenant du Tonkin, Dahomey, Soudan. Total : 18,563 fr.

Les Comités qui ont pris part à ces envois sont ceux de Paris, Asnières, Blangy, Charenton, Cosne, Foix, Guéret, Levallois-Perret, Libourne, Marseille, Neufchâteau, Neuilly, Nice, Roubaix.

1894.

Les *dons aux civils* ont été peu nombreux.

Les *dons aux militaires* consistant surtout en envois faits au Soudan, au Dahomey, à El-Goléah, au Tonkin, à l'hôpital de Diégo-Suarez, sont montés à 22,839 fr.

Aux Comités déjà cités précédemment, il faut ajouter ceux de : Soissons, Melun, Poissy, Vire, Dourdan, Noailles, Clamart, Saint-Germain, La Ferté-sous-Jouarre, Méru, Grand duché de Luxembourg, Chénérailles, etc.

1895.

Dons aux civils. — Avalanches dans les départements de l'Ariège, de la Haute-Garonne ; catastrophe de Montceau-les-Mines ; incendiés à Menton ; catastrophe de Bouzey ; misère d'un hiver exceptionnel. Total : 6,633 fr.

Dons aux militaires. — Envois au Mé-Kong, au Soudan, en Algérie, au Sénégal ; distributions de vêtements, d'argent, de médicaments, au siège du Comité Central, à Nice, Marseille, etc. Total : 8,500 fr.

Corps expéditionnaire de Madagascar. Les envois faits au général Duchesne, aux médecins, aux hôpitaux, à l'île de a Réunion, les dons envoyés aux hôpitaux d'Alger, de Port-Vendres, etc., ont atteint la somme de 7,900 fr. Quant à la valeur des objets de toutes sortes qui nous ont été donnés pour les héroïques soldats auxquels on doit la conquête de cette grande île, nous ne pouvons l'apprécier au juste, mais elle est fort considérable. Ont pris part à ces bienfaits les Comités de Paris, Neuilly, Le Havre, Dijon, Foix, Privas, Menton, Nanterre, Troyes, Cannes, Nice, Auxonne, Colombes, Levallois-Perret, Beaune, Guéret, La Chartre, Poligny, Roubaix, Clichy, Marseille.

1896.

Calamités publiques. — Avalanches ; incendies ; naufrages. Total : 5,700 fr.

Dons aux militaires. — 1° Envoi aux troupes du Tonkin, de l'Indo-Chine et du Dahomey, consistant en conserves, lait pasteurisé, médicaments, tabac, linge, livres, allocations pécuniaires aux rapatriés de ces colonies. Total : 14,000 fr.

2° Expédition de Madagascar. Les rapatriés de cette expédition ont été l'objet de soins et de secours. Paris, Marseille et Nice se sont surtout distingués en cette circonstance. L'Hôpital des Dames françaises d'Auteuil a recueilli bon nombre de soldats libérés mais encore très malades ; le Comité de Marseille a secouru à lui seul 4,340 rapatriés, les autres Comités ont secouru, dans leur pays natal, 350 hommes dont beaucoup étaient malades. Au siège de l'Association 648 hommes, à peu près valides, ont reçu de petites sommes d'argent, du linge et des vêtements complets ; en outre, la Place de Paris, à laquelle le Comité central envoie 1,800 fr. chaque année, a donné de petites allocations, à l'aide de ces subsides, à 360 hommes, et la caisse de la rue Gaillon a pu donner de menus secours, en argent, à 483 autres, revenant comme les précédents de Madagascar.

Le Comité de Nice a dépensé plusieurs mille francs pour loger, nourrir et aider des soldats de la légion étrangère. Cette œuvre de la légion étrangère est particulière à ce Comité. M. Gabriel Letainturier en a été le promoteur et elle fonctionne très régulièrement.

L'*Association des Dames françaises* n'a pas oublié les malheureux convoyeurs Kabyles dont la moitié a péri de fatigues et de maladies pendant la marche forcée sur Tananarive. Pour les survivants elle a confié aux soins de M. le général Larchey, commandant le 19e corps d'armée, une somme de 21,000 fr.

En résumé les dons faits aux militaires en 1896 atteignent 110,109 fr., et si l'on y ajoute les 47,000 fr. employés par eux l'année précédente, on a un total de 157,109 fr. consacrés aux nobles victimes de cette guerre extraordinaire de Madagascar. Une partie de ces sommes a été employée par le Ministère de la Marine, par l'hôpital de Porquerolles, par l'hôpital de Saint-Mandrier (Toulon), par notre Comité de Port-Saïd, par l'infirmerie de l'île Sainte-Marguerite, etc.

Tous les Comités de l'Association, sans exception, ont généreusement contribué à ces secours.

1897.

Calamités publiques. — Inondés de Voiron, de la Haute-Garonne, d'Auch ; sinistrés d'Asnières, de Nogent-en-Bassigny, de l'île de Sein, de Guilvinec ; lépreux de Molokaï. Total : 12,155 fr.

Dons aux militaires. — Distribution aux rapatriés des colonies ; dons de linge, d'habillement, etc.

Comité de Paris : 6,645 fr., Comités départementaux : 12,858 fr., ensemble : 19,503 fr.

Dons aux étrangers. — Guerre entre la Turquie et la Grèce, envoi de secours en matériel. Total : 3,900 fr.

L'Hôpital de l'*Association des Dames françaises* a continué à recevoir, outre les blessés civils, un certain nombre de malades revenant de nos guerres coloniales.

1898.

Dons aux civils. — Inondations de Verdun, de Saint-Gaudens et de Tulle ; naufrages des paquebots *Le Flachat* et *La Bourgogne* ; écroulement du village de Biot ; incendie de Guiestre ; cyclone dans nos colonies. Pour ces catastrophes l'Association a donné 10,300 fr.

Dons aux militaires. — Envoi de secours en nature au Fort-Dauphin de Madagascar, à Port-Saïd. Distributions à Marseille, Nice, Paris, et par les Comités voisins, à Longuyon et dans nos Comités de l'Est, pour une somme d'environ 25,000 fr.

Dons aux étrangers. — Guerre Hispano-Américaine.

La plus grande partie des dons qui nous ont été envoyés pour les victimes de cette guerre a été destinée aux malheureux vaincus. 5,000 fr.

1899.

Dons aux civils. — Catastrophe de Lagoubran, près de Toulon ; cyclone de Nouméa ; incendiés de la Guadeloupe, etc, 9,500 fr.

Dons aux militaires. — Distribués par les Comités de Paris, Nice, Marseille, Dijon, Le Havre, Versailles, Saint-Germain, Longuyon, etc. Total : 14,650 fr.

Dons aux étrangers. — *Guerre Anglo-Boërs :* L'événement marquant de la fin de l'année 1899 et des quatre premiers mois de l'année présente a été la guerre du Sud de l'Afrique, la lutte héroïque d'un petit peuple contre une nation riche et puissante.

L'*Association des Dames françaises* a pris en France l'initiative d'une souscription pour les victimes, le public a entendu son appel, les sympathies ont éclaté de toutes parts et, sans entrer ici dans les détails dont les bulletins de l'Association ont porté la connaissance en France et à l'Étranger, nous dirons que les envois faits par nous à l'hôpital Français, organisé par les Dames françaises de Johannesburg, dépassent actuellement la valeur de 60,000 fr., nous ajouterons que nous espérons bien qu'ils ne s'arrêteront pas là.

Bienfaits divers.

Envois de livres aux bibliothèques militaires. — Nous devons compter à l'actif des dons faits par l'Association, des envois de caisses de livres et de bibliothèques aux troupes expéditionnaires, aux forts isolés de nos frontières de l'est, de l'Algérie, etc., aux bibliothèques militaires, qui prennent un grand développement depuis quelques années. Le total des livres envoyés ainsi, depuis l'origine de l'Association, dépasse actuellement 40,000 volumes et représente une somme à peu près égale.

Hôpital des Dames françaises. — A tous les bienfaits que nous venons d'énumérer il faut en ajouter un d'une importance matérielle et morale tout à fait exceptionnelle, c'est l'édification de l'Hôpital des Dames françaises, 93, rue Michel-Ange, et son fonctionnement de chaque année. On trouvera dans une autre partie de ce Livret, des renseignements sur cet hôpital.

Ce que nous voulons seulement relever ici c'est que, en outre des prix d'achat du terrain, des constructions et de l'ameublement de cet hôpital, prix qui atteint environ 600,000 fr., il faut que chaque année les vaillantes Dames de l'Association trouvent dans leur générosité personnelle, dans les fêtes qu'elles organisent, dans les secours qu'elles sollicitent, le moyen de réunir les 35,000 fr. environ que coûte chaque année l'admirable fonctionnement de cet hôpital. Les bienfaits qu'elles répandent dans cet hôpital, l'instruction pratique et les idées de dévouement à l'armée qu'elles y développent sans cesse, en font une des plus belles créations de la charité patriotique à notre époque. Mais il faut bien le reconnaître, la charge est très lourde, c'est souvent avec beaucoup de difficultés que les Dames françaises parviennent à réunir les ressources les plus indispensables; leur vertu et leur constance sont dignes de la plus grande admiration et le bien qu'elles font mérite les plus généreux encouragements.

Hôpitaux de campagne. — Il ne serait pas juste de ne pas compléter l'indication des dons que l'*Association des Dames françaises* fait aux victimes des guerres, en signalant les achats de matériel de secours, d'hôpitaux de campagne, de lingerie d'hôpital, etc., et la formation de fonds de réserve, à l'aide desquels tous nos Comités se mettent en mesure de faire face aux premiers besoins, en cas d'une guerre en France.

Assurément ce sont là des secours à l'armée, et ce sont même les plus importants et les plus nécessaires, car ce n'est pas au moment du besoin qu'on pourra les préparer, mais nous ne pourrions évaluer d'une manière précise les sommes que l'ensemble de cette préparation a nécessitées; elles représentent certainement plusieurs millions.

Quant aux autres sommes employées jusqu'à ce jour, en dons aux civils, dans les calamités publiques et en dons de l'armée sous les formes que nous venons d'énumérer, elles atteignent actuellement plus de deux millions.

XV

VOITURES DE SECOURS DANS LES VILLES.

Certains Comités ont offert aux municipalités *des Voitures spéciales pour le transport des blessés*. Ces voitures appartiennent en propre aux Comités, mais pendant le temps de paix, elles sont utilisées pour les besoins de la ville ; plusieurs d'entre elles rendent journellement d'importants services ; c'est le Comité du Mans qui a la meilleure organisation de ces transports des blessés civils, et c'est son initiative qui a provoqué des organisations à peu près semblables dans d'autres villes.

TABLE

AMIENS. — IMPRIMERIE PITEUX FRÈRES.